Made in the USA
Monee, IL
11 April 2021

65371933R00069